AF480463

حُلْمُ جوري

تأليف: مرام مصاروة

رُسُومات: هِلال جُبارة

تحرير النّص: منال صعابنة

صَديقي السَّكاكينيّ هُوَ فَيْلَسوفُ السَّعادَةِ الفِلَسطينِيُّ.

ها ها ها صَديقةُ رَجُلٍ مُهِمٍّ أنتِ غَريبةٌ جِدًّا.
أنا أُفَضِّلُ الظَّلامَ وَالكَآبةَ، السَّعادةُ لِلْبُلَهاءِ.
أنا لا أُحِبُّ الفَلْسَفةَ، لَكِنَّ السَّعادةَ... أُحِبُّها.

لَيْلَةَ أَمْسِ، سافَرْتُ عَبْرَ الزَّمَنِ مَعَ جَدِّ جَدِّي إِلى المَدْرَسَةِ الدُّستوريَّةِ الّتي تَعَلَّمَ فيها.
مَدْرَسَةُ الأُسْتاذِ خَليل السَّكاكينيّ.

ها هُوَ مُعَلِّمي: خَليل السَّكاكينيّ، وأبناءُ صَفّي: جَرير وأمين وعِصام وجَمال وَجَواد وكامِل ومَحمود ويوسِف وابراهيم.
هَل هِيَ مَدرَسةٌ لِلبَنينِ فَقطْ؟

كان ويامَا كان، في قَديمِ الزَّمان...

هَلْ تَعْرِفُ أَنَّ الحِرْباءَ تَصْطادُ الحَشَراتِ عَنْ طَريقِ مَدِّ لِسانِها الطَّويلِ بِسُرعَةٍ بِاتِّجاهِ الحَشَرَةِ الَّتي تَلْتَصِقُ بِالعادَةِ اللَّزِجَةِ عَلى اللِّسانِ؟
الدُّعْسوقَةُ مِنَ الحَشَراتِ المُفيدَةِ، تُشارِكُ في عَمَلِيَّةِ تَلْقيحِ النَّباتاتِ وتَفْتَرِسُ الـ الَّذي يَضُرُّ بِالمَحاصيل

هذِهِ زَهْرَةُ الأُقْحُوانِ تُساعِدُ عَلى تَخْفيفِ آلامِ الرَّأْسِ وَالمَعِدَةِ وَالمَفاصِلِ.

كَيْفَ تولَدُ الموسيقا بِرَأيِكُم؟
أُحَرِّكُ أصابِعي فَوْقَ الفُتحاتِ فَتَخْرُجُ الموسيقا.
إذا أصْغَيْنا لِلطَّبيعَةِ سَنَسْمَعُ العَديدَ مِنَ الألْحانِ.

مِنْ هُنا تَنْطَلِقُ الموسيقا بِأجْنِحَتِها وَتَطيرُ في كُلِّ اتِّجاهٍ.
كْواك..
كْواك..

العوسيقا تُفْرِحُ القَلْبَ، أُغْمِضوا عُيونَكُم واسْتَمِعوا واسْتَفْتِحوا.
كواك..
تَخْرُجُ العوسيقا مِنَ القَلْبِ إلى كُلِّ القُلوبِ.

نَحْنُ في الْيَوْمِ الْعاشِرِ مُنذُ زِراعَةِ بُذورِ الْبازيلّاءِ.
وَأَخيرًا نَما لَها ساقٌ أَخْضَرُ.
وَوَرَقَتانِ خَضْراوانِ.
تُرى كَمْ مِنَ الْوَقْتِ يَلْزَمُ حَتّى نَحصُلَ عَلى حُبوبِ الْبازيلّاءِ؟

هٰذا ما رَأَيْتُهُ مِنَ النَّظْرَةِ الأولى.
يَقولُ زَيْدٌ إنَّها تُشْبِهُ السِّحْلِيَّةَ.

صَحيحٌ أَنَّ لَوْنَها أَخْضَرُ، وَلَها سِتُّ أَرْجُلٍ مِثْلَ السَّحْلِيَّةِ، وَلكِنَّها نَبْتَةٌ، لا تَتَحَرَّكُ.
وَلا تَصْطادُ الحَشَراتِ بِلِسانِها.
يا لَها مِنْ مَدْرَسَةٍ مُفْتِعَةٍ!

ما رَأيُكِ يا حَفيدَةَ حَفيدَتي بِطُفولَةِ أجدادِكِ وَمَدْرَسَتِهِمِ القَديمَةِ؟

قَديمَة؟ لا لا، إنَّها أَرْوَعُ مَدْرَسَةٍ رَأَيْتُها في حَياتي! لكِن، قُلْ لي يا جَدّي، مَنْ هِيَ جبيينة الّتي كانَ الأستاذُ السَّكاكينيّ يَحْكي عَنها؟

"يا طيورٍ طايرة،
ويا وحوشٍ سايرة
قولوا لأمي وأبوي، جبينة صارت راعية
تِرعى وزّ وتِعشي غزّ وتنام تحت الدّالية."

المَدْرَسَةُ الدُّسْتوريَّةُ الَّتي أَسَّسَها الأُسْتاذُ خَليلُ السَّكاكيني، رَكَّزَت عَلى اللُّغَةِ العَرَبيَّةِ وَالرِّياضَةِ وَالموسيقى، وَتَعَلُّمِ المَوادِّ العِلْميَّةِ مِنْ خِلالِ اللَّعِبِ وَالبَحْثِ في الطَّبيعَةِ وَالتَّجْرِبَةِ، كَما أَنَّهُ لَمْ يَكُنْ فيها أَيَّةُ امْتِحاناتٍ، أَو عُقوباتٍ، وَ كانَت مَواضيعُ الحِصَصِ تَتَغَيَّرُ حَسَبَ ما يُحِبُّهُ الطُّلّابُ وَيَرْغَبونَ بِتَعَلُّمِهِ.

رُسومات: هِلال جُبارَة

من مدينة الطَّيبة، يحبّ الرّسم منذ نعومة أظافره،
ومنذ عمر 11 عامًا
بدأ بتطوير موهبته في الرسم، وحصل على بكالوريوس
في تحرير الرّسم الديجيتالي، الفيديو والتصوير.

تأليف: مرام مصاروة

باحثة ومحاضرة أكاديميّة في الجامعة العربيّة الأمريكيّة
(رام الله)،
رئيسة قسم التربية في أكاديميّة القاسمي، وصدرلها
مقالات علميّة وكتابان عن الفقد السيّاسي.
هذا هو الإصدار الرابع لها مع دار أطافيل للنّشر.

حُلةُ جوري

تحرير النّص: منال صعابنة

تدقيق لُغوي: مريم سويدان

تنسيق جرافي: مالك كبها

جَميعُ الحُقوقِ عَلى النّصّ والرُسوم محفوظة "لدار أطافيل للنشر"

كفرقرع، فلسطين | www.atafeal.com

ISBN 978-965-7788-08-0

تابِعوا إصداراتنا السَابقة
والقادمة من خلال موقعنا:

www.atafeal.com